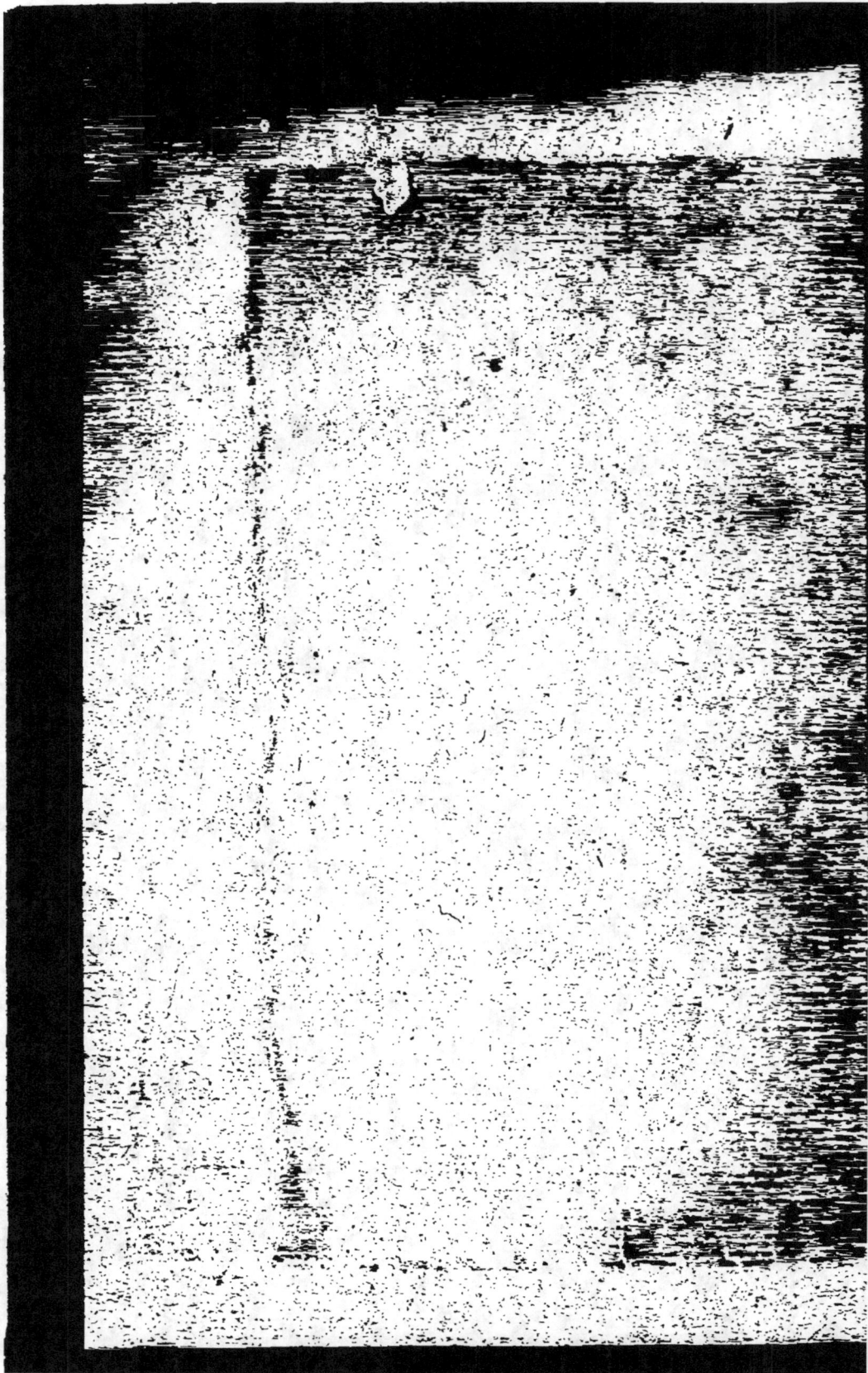

V 2733
MK 2

Ⓒ

MANUEL SIMPLIFIÉ

DE

L'ACCORDEUR.

IMPRIMÉ AVEC LA MUSIQUE,
PAR LES PROCÉDÉS DE E. DUVERGER,
4, RUE DE VERNEUIL.

MANUEL SIMPLIFIÉ

DE L'ACCORDEUR;

OU

L'ART D'ACCORDER LE PIANO,

MIS A LA PORTÉE DE TOUT LE MONDE;

DÉDIÉ

Al signor maestro Rossini,

Par M. Giorgio di Roma,

PROFESSEUR.

SECONDE ÉDITION.

Revue, corrigée, et augmentée d'une Notice sur les moyens
de remédier aux principaux accidens, qui peuvent in-
tervenir dans le mécanisme de cet instrument.

OUVRAGE ORNÉ DE PLANCHES.

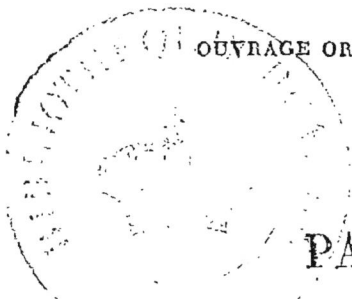

PARIS.

LIBRAIRIE ENCYCLOPÉDIQUE DE RORET,

RUE HAUTEFEUILLE, N° 10 (BIS).

1834.

AL SIGNOR MAESTRO
ROSSINI.

MONSIEUR,

En acceptant la dédicace du Manuel *de l'Accordeur, vous avez comblé le plus fervent de mes vœux ; permettez que je vous en témoigne la vive reconnaissance*

De votre tout dévoué serviteur,

GIORGIO DI ROMA.

AVERTISSEMENT.

Le but de ce *Manuel* est de remplir une lacune qu'on a toujours regardée comme extrêmément nuisible aux personnes qui touchent le piano.

Il se divise en trois parties : la première contient une analyse exacte de l'instrument ; la seconde, les théories nécessaires à l'accordeur ; et la troisième, le moyen le plus simple pour en faire l'application.

Un chapitre très détaillé sur les cordes suit ces trois parties, et sert de complément à la méthode.

MANUEL SIMPLIFIÉ

DE L'ACCORDEUR.

PREMIÈRE PARTIE.

ANALYSE DE L'INSTRUMENT.

Le piano se compose d'une caisse, d'un clavier, et d'une ou plusieurs pédales.

DE LA CAISSE.

On appelle caisse d'un piano le coffre qui en renferme le mécanisme.

Les caisses sont :

1° Carrées (*fig.* 1);

2° Verticales (*fig.* 2);

3° Horizontales ou à queue (*fig.* 3).

La partie supérieure de chacune de ces caisses est toujours à charnière ; en la soulevant, on aperçoit une planche de figure ovale, qui a pour objet de mo-

dérer et d'égaliser la vibration des cordes; elle se nomme fausse table d'harmonie (*fig.* 22, 23, 24).

C'est au-dessous de cette table que
se trouvent les cordes. Elles sont placées symétriquement et de manière que
leur épaisseur augmente toujours en
raison de leur étendue.

A l'une des deux extrémités d'une
corde, se trouve un anneau formé par
la partie de la corde qui est repliée sur
elle-même; il prend le nom de bouclette
(*fig.* 11), et sert à fixer la corde sur l'un
des côtés de la caisse.

L'autre bout de la corde est roulé
autour d'une espèce de clou à vis, qu'on
nomme cheville (*fig.* 17 et 17 *bis*). C'est
par le moyen de ces chevilles qu'on
règle la tension des cordes.

L'endroit où les chevilles sont pour
ainsi dire enclouées s'appelle sommier
(*fig.* 4, 5, 6 в).

Les chevilles sont placées deux par
deux dans les pianos à deux cordes, et
trois par trois dans les pianos à trois
cordes.

Les chevilles ainsi réparties se succèdent par demi-ton ; dans les pianos à queue et dans les pianos verticaux, elles sont placées en long (*fig.* 8); dans les pianos carrés, elles décrivent la forme d'une S (*fig.* 9).

A côté des deux chevilles dans un piano à deux cordes, et de toutes les trois dans un piano à trois cordes, est une lettre. Cette lettre indique le nom de la note donnée par les cordes des chevilles voisines. Voici le rapport qui existe entre ces lettres et les notes.

la, la♯, si, do, do♯, ré, ré♯,
a, a♯, b, c, c♯, d, d♯,
mi, fa, fa♯, sol, sol♯, la, etc.
e, f, f♯, g, g♯, a, etc.

La table qui se trouve au-dessous des cordes, et qui cache le fond de la caisse, s'appelle table d'harmonie (*fig.* 4, 5, 6 c).

Sur cette table, et à une certaine distance des chevilles, est une espèce d'archet en bois, qui sert à égaliser la hauteur des cordes ; il est nommé chevalet (*fig.* 4, 5, 6 D).

Il y a des pianos qui ont deux cheva-

lets, le grand et le petit ; le petit chevalet est celui qui est le plus bas (*fig.* 4 E).

C'est aussi sur l'un des bords de la
table d'harmonie que se trouve le siller ; il est destiné à diriger le côté des
cordes qui fait face au chevalet (*fig.* 4 ,
5, 6 A).

On appelle étouffoir cette rangée de
petites baguettes qui se posent légèrement sur les cordes (*fig.* 4 F); au bout
de chacune de ces baguettes est un petit
morceau de flanelle qu'on nomme tête
des lames (*fig.* 7 A).

En ôtant l'étouffoir, on voit une file
de petits sautereaux ; ce sont les pilotis
(*fig.* 21). Plus loin, je ferai connaître
les fonctions des pilotis et des têtes des
lames.

Pour compléter maintenant l'analyse
de ce premier plan de la caisse, il ne me
reste à parler que des pointes.

Il y a trois espèces de pointes :

1° Pointes d'attache (*fig.* 4, 5, 6 G).

2° Pointes du siller (*fig.* 4, 5, 6 H).

3° Pointes du chevalet (*fig.* 4, 5, 6 I).

Les pointes d'attache servent à tenir
un côté de la corde ; celles du siller et

RAPPORT ENTRE LES TOUCHES ET LES NOTES.

(Pag. 15.)

Première octave. Seconde octave. Troisième octave. Quatrième octave. Cinquième octave. Sixième octave.

fa sol la si do ré mi fa sol la si do ré mi fa sol la si do ré mi fa sol la si do ré mi fa sol la si do ré mi fa

ur et si- no es es en ée rs, es li- si- en le la-

du chevalet ne s'emploient que pour leur donner une direction uniforme et régulière.

DU CLAVIER.

Par le mot clavier, les facteurs désignent le mécanisme intérieur d'un piano (*fig*. 20).

Le clavier se compose d'abord d'un châssis carré-long, formé de trois barres transversales incrustées dans deux barres latérales (*fig*. 20 A).

Sur la barre qui est presque au milieu de ce châssis, et qui est un peu plus élevée que les autres, se trouve placée une certaine quantité de petits bâtons aplatis, qu'on nomme touches.

Une des deux extrémités de ces touches donne sur le devant de la caisse et indique, soit par sa nuance, soit par sa position, le nom de la note qu'on obtient en y appuyant le doigt. On peut voir sur le tableau ci-contre le rapport des notes et de ces parties des touches, qui, collectivement, prennent aussi le nom de clavier.

L'autre bout de la touche se prolonge dans l'intérieur de la caisse et contient l'échappement, l'attrape-marteau et le pousse-pilotis. L'échappement (*fig.* 20 B) est une espèce de petit marteau à bascule, dont le but est de pousser, en glissant, un autre marteau qui se trouve au-dessus. L'attrape-marteau (*fig.* 20 c) est un morceau de buffle destiné à recevoir les marteaux, et le pousse-pilotis (*fig.* 20 D) est l'endroit de la touche qui soulève le pilotis.

Maintenant voici comment toutes ces parties agissent dans leur ensemble.

Lorsqu'on appuie le côté d'une touche, l'autre côté se lève; le marteau, poussé par l'échappement, frappe alors les cordes, et retombe soudain dans l'attrape-marteau. Au même instant, le pilotis suspend la tête des lames, et laisse vibrer les cordes jusqu'à ce qu'on ait lâché la touche; car le pilotis revient alors à sa place, et les cordes se taisent.

Le jeu de ce mécanisme est le même dans presque tous les pianos; car si la diversité des caisses oblige parfois à donner aux parties d'un clavier des positions différentes, leurs fonctions ne changent pas pour cela.

De toutes ces positions, la plus conforme à la nature de l'instrument, c'est celle des pianos à queue ; car, dans les pianos carrés ou verticaux, rien n'étant d'équerre, le mécanisme en est tourmenté, et ne parle jamais aussi librement.

Lorsqu'un piano à queue répète avec précision, et tient bien l'accord, il réunit toutes les qualités d'un excellent piano.

DES PÉDALES.

Les pédales sont de petites bascules placées au bas du piano et que l'on fait mouvoir avec le pied. Elles ont pour objet de nuancer d'une manière plus ou moins agréable le son naturel d'un piano. Il n'y a que deux pédales qui remplissent ce but ; la pédale du forté (*fig*. 1, 2, 3 A) et la pédale céleste (*fig*. 1, 2, 3 B); l'une suspend l'étouffoir, l'autre approche des cordes de petits morceaux de peau, propres à en adoucir les vibrations.

Quant aux autres pédales, au moyen desquelles on a prétendu introduire dans le piano des sons étrangers à cet instrument, je crois superflu d'en parler. Maintenant tout le monde a reconnu leur inutilité et on les a généralement proscrites.

DEUXIÈME PARTIE.

THÉORIES OU CONNAISSANCES MUSICALES, NÉCESSAIRES A L'ACCORDEUR.

Il y a deux espèces de demi-tons ; les demi-tons chromatiques et les demi-tons diatoniques.

On appelle demi-ton chromatique l'intervalle formé par deux notes placées sur le même degré de la portée, et dont l'une est accidentée et l'autre bécarre ; comme, par exemple, *do bécarre, do dièze ; ré dièze, ré bécarre.*

On nomme demi-ton diatonique l'espace qui existe entre deux notes placées sur deux lignes différentes de la portée, et ne formant malgré cela qu'un intervalle de seconde, tel que *do bécarre, ré bémol; do dièze, ré bécarre.*

L'intervalle d'un demi-ton chromatique est plus grand que celui d'un demi-ton diatonique. Cette différence peut être évaluée à un neuvième de ton. La voici indiquée par des chiffres :

2.

demi-ton chromatique.   demi-ton diatonique.

do   do♯   ré

1   2   3   4   5   6   7   8   9

do   ré♭   ré

demi-ton diatonique.   demi-ton chromatique.

Ces deux demi-tons, tels que je viens de les indiquer, ne peuvent s'obtenir que sur les instrumens à son non fixe, comme la basse, le violon, etc.; mais sur un instrument à son fixe tel que le piano, cela est tout-à-fait impossible ; car, comme chacun sait, cet instrument n'a, pour rendre le *do dièze* et le *ré bémol*, qu'une seule touche.

Maintenant, comment accorder cette touche? Faudra-t-il garder la distance du demi-ton chromatique ou celle du demi-ton diatonique? Doit-elle être faible ou forte? voilà toute la question.

Les anciens facteurs la résolurent en s'en tenant à un *Mezzo termine* et en rendant tous les demi-tons également justes ; ainsi la position ci-dessus tracée

───────── ────── était donnée par eux

de cette manière : ──────────────── .

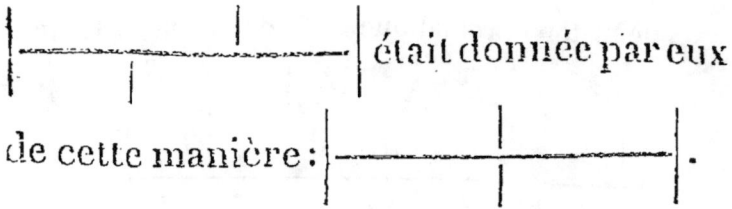

Mais les facteurs modernes ayant reconnu que ce système de justesse, au
lieu de cacher l'impuissance de l'instrument à donner les deux demi-tons,
impuissance qu'on ne pourrait corriger sans le rendre injouable, ne servait
qu'à la faire ressortir davantage, con-
vinrent de le modifier, et créèrent pour
cela un demi-ton tant soit peu plus tem-
péré, c'est-à-dire un peu plus fort que
celui qui avait été adopté par leurs pré-
décesseurs.

Or, c'est précisément sur ce tempérament que se résume toute la difficulté
de l'accord ; car, pour qu'un piano soit
bien accordé, il faut que le tempérament
soit le même sur tous les demi-tons,
c'est-à-dire sur toutes les touches.

Pour aplanir autant qu'il est possible
cette difficulté, on fait une opération
qu'on appelle partition.

La partition consiste à accorder les 12
demi-tons de la gamme, telle qu'elle est

donnée par le piano, avec leurs quintes respectives, et à entremêler ces quintes avec d'autres notes, afin de pouvoir se contrôler à chaque pas, ayant pour principe que toutes les tierces doivent être fortes, les quartes justes, les quintes faibles et les octaves justes [1].

Les accordeurs n'emploient pas tous la même partition. Quant à moi, j'ai adopté celle qui a été donnée par le célèbre pianiste J. Hummel de Vienne, et dont presque tous les facteurs d'Allemagne se servent pour monter leurs pianos. La voici [2].

(1) L'appréciation de ces intervalles est extrêmement facile, par la raison qu'ils sont dans la nature même des cordes, et voici dans quel rapport. L'octave 2 à 1. La quinte 3 à 2. La quarte 4 à 3. La tierce 5 à 4.

(2) C'est la note noire qu'on accorde sur

Quoique cette partition aille au-delà de l'octave, elle ne renferme que 12 notes qui sont accordées avec leurs quintes, et c'est précisément ces 12 notes-là qui, sur le piano, composent les 12 demi-tons de la gamme[1].

Voici l'échelle de ces douze demi-tons :

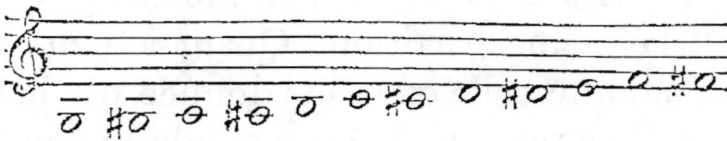

Quant aux autres notes de la partition, je crois utile de répéter qu'elles ne servent qu'à lier les quintes, et à fournir à l'accordeur des moyens de vérification.

la note blanche ; de manière qu'en faisant cette partition, on accorde toujours une note sur celle qu'on vient d'accorder.

(1) Le meilleur moyen de connaître si l'on a bien saisi le sens de ces théories, c'est de combiner soi-même un nouvel enchaînement de quintes, et former une seconde partition. On prendra toujours pour point de départ le quatrième *la*, et on tâchera de ne jamais trop s'écarter du centre du clavier, de manière que toutes les quintes se trouvent concentrées et rapprochées le plus possible de la première note de la partition.

On appelle ces vérifications les contre-
preuves de la partition.

Partition.   Contre-Preuves.

Partition.   Contre·Preuves.

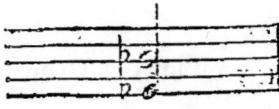

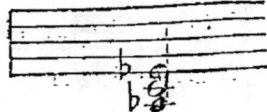

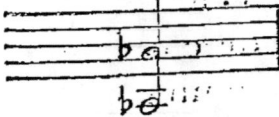

La dernière de ces vérifications est la quinte *la, mi*. Or, si la partition a été bien faite, il faut que ces deux notes présentent une sonorité satisfaisante, c'est-à-dire une quinte bien tempérée; sans quoi la partition aura été manquée, et l'accordeur devra la corriger.

Il y a deux manières de corriger une partition; savoir, la recommencer, ou bien la refaire en rétrogradant.

J'ai préféré ce dernier moyen, et en voici la raison : Refaire une partition par là où on l'a commencée, c'est, pour ainsi dire s'obliger à retoucher toutes les notes, tandis qu'en revenant sur ce qu'on a fait, degré par degré, on peut se corriger sans parcourir la partition d'un bout à l'autre; l'erreur peut se trouver sur une des dernières quintes.

La contre-partition a, comme la partition, ses moyens de vérification.

Contre-Partition.   **Preuves.**

Contre-Partition.   Preuves.

Une fois la partition et la contre-partition terminées, on met par octaves

toutes les autres notes à l'unisson de
celles qu'on vient d'accorder, ce qui
fait que le même tempérament est repro-
duit sur toutes les touches. Voici la marche de ces notes accordées par octaves.

Première Partie.

Deuxième Partie.

TROISIÈME PARTIE.

MANIÈRE PRATIQUE D'ACCORDER.

Après avoir soulevé le couvercle d'un piano, placé les sous-portes et ôté la fausse table d'harmonie, on doit, par le moyen d'un soufflet, épousseter le premier plan de la caisse, de manière qu'il ne reste absolument rien qui puisse contrarier la vibration des cordes.

On examinera ensuite s'il est des cordes à remettre. Dans ce cas, il faut dévisser la cheville, en ôter le petit bout de corde qui peut encore s'y trouver attaché, et la remettre à sa place.

Après cela, on défera l'étouffoir; et l'on dégagera la pointe d'attache de sa bouclette primitive, afin qu'elle ne gêne pas l'enfilement de celle qui doit la remplacer.

Tout étant ainsi disposé, on tâchera de connaître le numéro de la corde, on le choisira et l'on fera la bouclette.

Plus loin je parlerai des cordes, et des différens systèmes de numérotage adoptés par les manufacturiers de Londres et d'Allemagne.

Je reviens à la bouclette.

Pour faire la bouclette, on passe le bout de la corde dans le crochet de la clef (*fig.* 10); on le rejoint à la corde elle-même; et, après avoir placé l'un et l'autre entre le pouce et l'index de la main gauche, on tourne la clef et l'on fait une espèce de torsade ayant un petit anneau à l'extrémité (*fig.* 11).

On enfilera cet anneau dans la pointe d'attache.

On mesurera ensuite la longueur de la corde et on la détachera de son rouleau, quatre ou cinq pouces plus long qu'il ne faut. On reprendra alors la cheville, et, après y avoir entortillé la corde de droite à gauche, on l'introduira de nouveau dans sa case. On mettra alors cette corde à l'unisson des autres cordes de la même note.

Ici, un mot sur l'acoustique.

Le son d'une corde est formé par la vibration. Cette vibration est toujours en rapport de la tension de la corde; ainsi, pour que la corde qu'on vient de

5.

mettre donne le même son que ses voisines, il faut qu'elle ait la même tension.

Il est facile de régler la tension d'une corde. En tournant la cheville de droite à gauche, on la monte ; en la tournant dans le sens contraire, on la descend.

On frappera donc un peu vivement la touche de la corde neuve et durant la vibration on la montera ; l'oreille la moins exercée entendra alors ceci :

En la montant vite   moins vite

très doucement.

C'est-à-dire on entendra d'abord deux sons bien distincts, l'un formé par la corde neuve, l'autre par ses voisines ; à ces deux sons, il en succédera deux autres un peu plus rapprochés ; puis on n'en entendra qu'un seul, mais tremblant et confus.

Ce tremblement indiquera que les vibrations des trois cordes ne marchent pas encore bien ensemble. Il faudra donc continuer à monter la corde; c'est ce qu'on fera jusqu'à ce qu'on soit parvenu à obtenir un son pur et sans aucune oscillation.

Si pourtant au lieu d'atteindre cette perfectibilité de son, on s'apercevait qu'on s'en éloigne, c'est une preuve que la corde est trop haute; on doit la descendre, mais la descendre un peu plus bas qu'il ne faut, afin de ne l'accorder qu'en la montant; car une corde qui serait accordée en descendant présenterait peu de chances de stabilité [1].

Je ne me dissimule pas que cette opération peut paraître de quelque difficulté aux personnes qui ne l'ont jamais pratiquée; mais aussi je suis convaincu que, lorsqu'on en aura fait l'expérience, on

(1) Une autre remarque à faire, c'est que quelle que soit l'étendue d'une corde, elle cède toujours un peu aux premières percussions du marteau. Pour remédier autant qu'il est possible à cet inconvénient, il est bon de frotter la corde avant de la mettre tout-à-fait à l'unisson. Ce frottement présente le double avantage de l'étendre et de l'essuyer.

reconnaîtra facilement le contraire ; car il est bien peu de personnes qui ne sachent distinguer un son juste d'avec un son faux ; dès lors chacun est à même de corriger la fausseté d'une corde. Cette fausseté se corrige ou s'empire par degrés.

Je reviens à l'accord.

Les cordes manquantes remplacées, on frappera la touche du quatrième *la*, et l'on cherchera avec un bout de feutre, que les accordeurs nomment *coin* (*fig.* 19), les cordes qui s'y rapportent.

Cela ne présente aucune difficulté, car en glissant légèrement le coin sur les cordes, on saisit tout de suite les cordes de la touche qu'on tient. Elles en répètent le même son [1].

Une fois qu'on aura retrouvé les trois cordes du *la*, on introduira parmi les deux dernières le bout du coin, et l'on n'en fera vibrer qu'une seule. On mettra

(1) Lorsqu'en frappant la touche on peut saisir de l'œil les cordes qu'elle fait vibrer, il est inutile de glisser le coin. On peut aussitôt le mettre à sa place. Dans ce cas, on se sert d'un coin à manche. (*Voy.* la *fig.* 21 *bis*.)

alors la clef (*fig.* 13, 14, 15, 16)[1] sur la cheville de celle-ci, et l'on battra le diapason (*fig.* 12).

Il y a trois sortes de diapason, savoir le diapason des Italiens qui est le plus haut ; le diapason de l'Opéra, qui est le plus bas, et le diapason de Feydeau, qui tient un milieu entre les deux. Pour les pianos, on se sert presque toujours du diapason de Feydeau.

On mettra donc la première corde du *la* à l'unisson de ce diapason ; on reculera ensuite le coin d'une corde et la clef d'une cheville, et l'on mettra la seconde corde à l'unisson de la première, puis la troisième à l'unisson des deux précédentes.

On passera le coin au *la* inférieur ; on en fera taire les deux dernières cordes et on mettra celle qui reste à l'unisson des trois cordes du *la* supérieur. Sur cette corde, on accordera les deux autres, de manière que toutes les six ne donnent qu'un seul son pur, juste, agréable.

(1) Les deux premières de ces clefs s'emploient pour les pianos carrés et à queue, et les deux autres pour les pianos verticaux.

Après cette première octave, on accordera la quinte *ré, la.*

Pour bien accorder cette quinte, on doit d'abord l'accorder juste; ensuite il faut forcer tant soit peu le *ré*, afin de lui donner ce tempérament qui a fait le sujet de la partie seconde de ce traité.

Pour que ce surplus de tension soit tel qu'il faut, le *la* inférieur doit donner avec le *ré* une quarte juste.

Maintenant que j'ai démontré la manière d'accorder les unissons, les quintes et les octaves, la partition ne peut plus présenter d'obstacle, car elle n'est qu'une répétition plus ou moins éloignée de ces mêmes intervalles. On la continuera donc, en ayant soin cependant de n'accorder qu'une corde à la fois, de commencer toujours par la première, c'est-à-dire par celle qui est le plus près de la basse; et enfin, de ne mettre les autres cordes à l'unisson de la première qu'après s'être assuré, par le moyen des contre-épreuves, que cette corde chante avec justesse et précision.

Pour l'accord des autres notes qui ne font pas partie de la partition, on suivra la marche indiquée à la fin de la seconde partie de cette méthode. Cette marche est extrêmement facile, et n'offre aucun embarras pour les contre-épreuves, car chaque note peut être contrôlée avec son accord parfait.

Première partie.

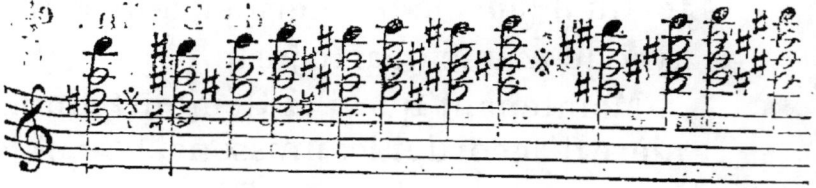

Seconde partie.

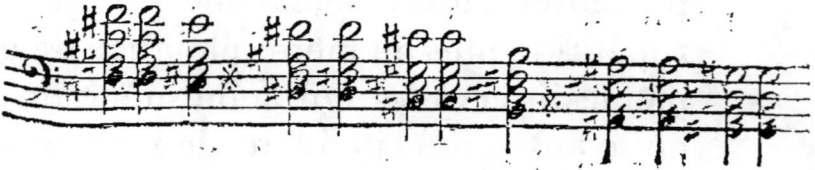

ARTICLE ADDITIONNEL.

DES CORDES.

Il y a trois espèces de cordes, savoir: cordes anglaises, cordes de Berlin, et cordes de Nuremberg. Les premières sont en acier, les secondes en fer, et les troisièmes en cuivre.

Les cordes anglaises sont indiquées par les numéros

7 8 9 10 11 12 13 14 15 16 17 18 19, etc.

Les cordes de Berlin et de Nuremberg sont désignées par les chiffres

4 3 2 1 $\frac{1}{0}$ $\frac{2}{0}$ $\frac{3}{0}$ $\frac{4}{0}$ $\frac{5}{0}$ $\frac{6}{0}$ $\frac{7}{0}$, etc.

Ces deux séries de numéros se correspondent; ce qui fait que quelquefois les cordes anglaises sont indiquées par les chiffres d'Allemagne, et celles d'Allemagne par les numéros anglais. Ainsi, un piano qui porterait les chiffres 2/0, 3/0, etc., et qui serait en cordes anglaises, indiquerait, par ces chiffres, les numéros 12, 13, etc., de la série anglaise.

Lorsque dans un piano le numéro des cordes n'est pas indiqué, le plus sûr moyen de le découvrir, c'est l'emploi du métrocorde[1].

Le métrocorde est une petite filière à double face. Sur la première sont gravés les numéros anglais, et sur la seconde les numéros d'Allemagne. (Voyez *fig*. 15.)

Ainsi une corde qui se contiendrait dans la seconde entaille du métrocorde, serait ou le numéro 8 anglais ou le numéro 3 d'Allemagne.

Pour connaître enfin si une corde est de l'une ou de l'autre espèce, il suffit de la plier deux ou trois fois ; si elle cède à la flexion, ce sera une corde d'Allemagne, si elle casse ce sera une corde anglaise.

Je ne saurais terminer cet article sur les cordes sans prier les personnes qui auraient des cordes à remplacer, de faire tout leur possible pour que la corde qu'on met soit tout-à-fait pareille à celle

(1) On peut s'en procurer chez l'auteur.

qu'on retire ; et, qu'à défaut, on doit toujours préférer une corde plus fine à une corde plus forte, une corde anglaise à une corde d'Allemagne.

PRÉLUDE.

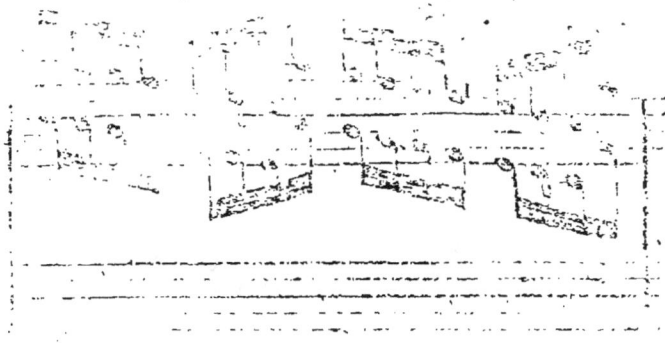

NOTICE

SUR LA MANIÈRE DE REMÉDIER

AUX PRINCIPAUX ACCIDENS,

QUI PEUVENT SURVENIR

DANS LE MÉCANISME DU PIANO.

AVERTISSEMENT.

———◆———

Cette notice , ainsi que le manuel qui la précède, est divisée en trois parties : dans la première sont indiqués les moyens de réparer les pièces en bois ; dans la seconde, celles qui sont en métal ; et dans la dernière, celles qui sont recouvertes de peaux de flanelle ou de drap.

Ces trois parties sont précédées de quelques détails sur la manière de démonter les pianos, et suivies d'un abrégé des exercices à pratiquer pour parvenir à accorder avec facilité et promptitude.

———◆———

MANIÈRE

DE REMÉDIER AUX PRINCIPAUX ACCIDENS
DES PIANOS.

DÉMONTAGE DES PIANOS.

PIANOS ANCIENS,

DITS DE FABRICATION FRANÇAISE.

Les claviers des anciens pianos (*fig.* 29) ne sont attachés à la caisse que par le moyen de 6 vis. Deux de ces vis sont cachées sous les touches *si, do* de la première octave (*fig.* 29 A), deux autres sous celles de *si, do* de la troisième octave (*fig.* 29 B); et les deux dernières sous celles de *si, do* de la cinquième octave (*fig.* 29 C).

Voulant donc examiner le clavier de ces pianos, on doit premièrement ôter la barre sur laquelle est inscrit le nom du facteur, et qu'on nomme barre des touches (*fig*. 29 D), puis retirer les 6 touches que je viens de signaler, et en dernier lieu défaire les vis. Le clavier ainsi dégagé peut se retirer sans nulle difficulté. On aura seulement soin de le prendre par les côtés (*fig*. 37), car autrement on courrait le risque de lever les marteaux et de les mettre en pièces. Cette précaution est à prendre, aussi bien lorsqu'on retire, que lorsqu'on remet les claviers de *tous les pianos*.

Si maintenant on désirait savoir comment il faut agir pour défaire la pédale céleste, le voici :

La pédale céleste de ces pianos n'est autre chose que cette planchette qui est au fond de la caisse, et qu'on peut aisément voir, surtout lorsque le clavier est dehors (*fig*. 29 E). Elle est fixée à la barre des pilotis par des tenons; il n'y a que sa tête qui est unie à la tringle en fer de la pédale par une vis (*fig*. 29 F). Or donc, voulant la retirer, on n'a qu'à détourner ces tenons et défaire la vis. La planchette tombera d'elle-même.

Je passe à l'étouffoir.

L'étouffoir des anciens pianos (*fig*.

35) est tenu par des vis faciles à retirer
(*fig.* 35 A). Une fois qu'on s'en est rendu
maître, on peut le retourner, dévisser la
tringle qui cache le bout de l'ame (*fig.*
35 B) et y apporter tous les changemens
qu'on aura jugés nécessaires.

Ce bâton allongé, qu'en ôtant l'étouffoir on remarque sur le siller, est la
pédale du forté. Il s'enlève sans aucun
obstacle.

PIANOS MODERNES.

Les pianos modernes les plus en vo-
gue sont construits de manière que leur
clavier puisse se retirer comme le tiroir
d'une commode.

On distingue ordinairement les pianos ainsi disposés par une espèce de filet
en relief, qui parcourt le milieu de la
barre des touches pour cacher la jonc-
tion de celle-ci avec les hauts-bords du
clavier.

Quant aux autres pianos modernes
(*fig.* 32), les claviers ne sont pas tous
unis à leur caisse de la même façon, car
il y en a qui sont vissés par-dessous (*fig.*

32 A), d'autres, par le côté (*fig.* 32 B);
et d'autres enfin n'ont leur vis que tout-
à-fait sur le devant [1] (*fig.* 32 C). C'est
donc à l'élève de découvrir la place de
ces vis.

Quand le clavier est à nu, on peut en
retirer tel nombre de touches qu'on
voudra, en appuyant tout simplement la
noix qui est au bout de la tige des marteaux, afin de laisser tomber l'échappement, et de dégager de toute espèce de
résistance la partie intérieure de la touche (*fig.* 28).

L'échappement lui-même se démonte,
mais dans ce cas on doit faire attention
à ne pas déranger la dernière vis qui se
trouve entre la bascule et le bâton de la
touche, car le déplacement de cette vis
pourrait beaucoup nuire au jeu de cette
partie de l'instrument (*fig.* 28 A).

L'attrape-marteau se dévisse aussi

_____

(1) Dans ce dernier cas, la tête des vis est
cachée par une tringle en bois qu'on nomme
devant des touches. Les deux bouts de cette
barre sont fixés dans deux rainures ménagées à
ce sujet sur les côtés de la caisse.

(*fig.* 28 B); mais voulant le remettre, on doit le placer à la même hauteur où il se trouvait, par la raison que plus bas il deviendrait inutile, plus haut il retiendrait le marteau.

Pour ôter la pédale céleste des pianos modernes, on dévisse la pièce en bois qui se trouve sur le côté gauche du premier plan de la caisse (*fig.* 34 A); on défait aussi les petites vis qui sont aux deux bouts de la planchette, et on la retire (*fig.* 34 B).

La pédale du forté n'étant, comme on a pu bien le remarquer plus haut, qu'un simple bâton qui sert à lever la tringle des lames, il peut, lorsque l'étouffoir est ôté, se retirer comme la baguette d'un fusil.

Relativement aux étouffoirs de ces pianos, je renvoie l'élève à ce que j'ai déjà dit à ce sujet lorsque j'ai parlé des pianos de fabrication française.

Je finirai cet article sur le démontage des pianos, par un mot sur les pianos verticaux (*fig.* 31).

Ces pianos ne se défont pas comme tous les autres, car pour en examiner l'intérieur, il ne suffit pas de lever le couvercle et d'ôter la fausse table ; mais il faut aussi suspendre la tringle en fer qu'on remarque sur le côté droit de la caisse, et tirer le clavier à soi (*fig.* 3 A). Plus, si l'on se trouvait dans la nécessité d'enlever une ou plusieurs touches, il faudrait premièrement ôter la barre qui se pose sur le cylindre (*fig.* 31 B); puis tirer les appuis (*fig.* 31 c), et enfin dévisser le cylindre lui-même (*fig.* 31 D). Ce dernier démontage exige beaucoup d'attention.

Je vais maintenant indiquer les moyens de réparer toutes les pièces ci-dessus analysées.

PREMIÈRE PARTIE.

MANIÈRE DE RÉPARER LES PIÈCES EN BOIS D'UN PIANO.

Exception faite de la caisse, dont les dégâts ne peuvent être réparés que par un facteur *ad hoc*, les pièces en bois d'un piano peuvent se résumer aux suivantes :

1º Les lames de l'étouffoir ;
2º Le grand et le petit chevalet ;
3º La table d'harmonie ;
4º Les marteaux et leurs accessoires ;
5º L'échappement ;
6º Les touches ;
7º Le châssis du clavier ;
8º La pédale céleste ;
9º La pédale du forté.

DES LAMES DE L'ÉTOUFFOIR.

Un des accidens qui se manifestent le plus fréquemment dans l'intérieur d'un piano, c'est sans contredit le décollement des lames de l'étouffoir.

Pour remettre ces lames, on ôte le châssis de l'étouffoir, et après avoir retiré la tringle qui est au-dessous, on efface avec la pointe d'un canif les traces de colle qui peuvent encore s'y faire remarquer. On prend alors un morceau carré-long de parchemin, on en colle d'abord un bout dans la lame, et ensuite, après avoir humecté l'autre bout, on le colle sur le châssis; on laissera sécher ces pièces au moins pendant six heures.

DU GRAND ET DU PETIT CHEVALET.

Lorsque ces deux pièces du piano se décollent, il serait inutile de les remettre sans avoir recours à des vis. Un facteur, ou toute autre personne qui aurait les outils nécessaires, pourrait fixer ces vis entre la table d'harmonie et le che-valet, de manière qu'elles fussent inaperçues à l'œil; mais n'ayant pas ces outils, on peut sans inconvénient pla-cer ces vis entre la partie latérale du chevalet et la table d'harmonie. La lon-gueur et l'épaisseur de la portion de chevalet qui sera décollée décidera du nombre et du diamètre des vis à em-ployer à ce sujet.

DE LA TABLE D'HARMONIE.

Il n'y a que deux accidens à craindre avec cette table ; ou elle s'ouvre dans le milieu, ou elle se décolle dans les parties closes; dans l'un et l'autre cas, on doit bien se garder de l'emploi du mastic. La présence de ce corps, étant tout-à-fait hétérogène à la nature de la table, pourrait fortement en altérer la sonorité. Pour ce genre de réparation, on ne doit employer que du sapin sec et bien compacte. Il faut en outre, pour que les mèches qu'on introduit dans les crevasses tiennent bien, qu'elles soient extrêmement justes et très fortement collées.

DES MARTEAUX ET DE LEURS ACCESSOIRES.

On nomme accessoires du marteau la fourche (*fig.* 30 A), la barre sur laquelle la fourche est fixée (*fig.* 30 B), et la noix qui est au bout de la tige du marteau (*fig.* 30 C).

Ces trois parties ne cassent que très rarement, et même de toutes les trois il n'y a que la fourche qui seule puisse se déranger. Pour bien la remettre à sa place on n'a autre chose à faire que de la redresser, de manière qu'elle se trouve tout-à-fait au milieu des deux fourches voisines (*fig.* 30 D).

Quant à la tête et à la tige du marteau, c'est bien différent. Ces pièces sont infiniment susceptibles, et cassent avec facilité, surtout lorsque le clavier est touché ou retiré par des personnes qui ne le connaissent pas.

De ces deux parties du marteau, c'est la première qui est la plus facile à raccommoder, par la raison que cette pièce ne cassant jamais net peut toujours se rassembler avec justesse. On se servira pour cela de colle forte un peu condensée et d'un fil de cordonnet double. (Voyez à la *fig.* 33 l'apppareil de ce raccommodage.)

Pour la tête du marteau, une fois cassée, il faut la refaire ; il n'y a pas d'autre moyen, et pour ne pas se tromper dans les proportions, il est urgent de recoller la première, avant d'entreprendre la seconde (*fig* 25) ; on aura, en procédant de la sorte, un modèle exact de ce qu'il faudra faire. Pour la confection de cette pièce, on choisira le même bois que celui des autres marteaux, et à défaut, on préférera le bois de tilleul.

DE L'ÉCHAPPEMENT.

Si une des parties en bois de l'échappement venait à manquer, ce qui arrive très rarement, on doit la remplacer par une autre, plutôt que la recoller; par la raison toute simple que l'emploi de la colle serait insuffisant pour faire résister cette pièce au choc continuel que lui imprime le mouvement de la touche.

Les pièces en bois de l'échappement étant toutes en poirée, il faut les refaire avec du bois de la même espèce.

DES TOUCHES.

Toutes les fois qu'une touche répond avec paresse au mouvement de la main, il faut retirer le clavier et chercher la cause de cette lenteur. Assez ordinairement elle dépend de la dilatation du bois. Dans ce cas, il faut légèrement gratter avec un canif la partie dilatée, jusqu'à ce que la touche soit parvenue à se balancer avec franchise sur son châssis. Si, d'ailleurs, l'obstacle provenait de ce que le bois aurait joué, on devrait alors l'approcher d'un fer chaud, et la redresser avec soin et précision. Il arrive aussi quelquefois que le mouvement de la touche est entravé par la présence d'un corps étranger qui se serait glissé dans l'intérieur du clavier ; en ce dernier cas , on fera les recherches nécessaires pour le découvrir et pour le retirer.

LE CHASSIS DES TOUCHES.

Dans les mauvais pianos, construits avec du bois tendre et mal compacte , il arrive quelquefois que les barres sur lesquelles on a établi le clavier se dérangent, et empêchent le mécanisme d'aller comme il devrait. Pour réparer les dégâts de ce genre il n'y a autre chose à faire qu'à envoyer le châssis chez un facteur ; car rétablir un clavier sur un châssis nouveau ou raccommodé, c'est une affaire de calcul, et non pas une simple opération matérielle.

DE LA PÉDALE DU FORTÉ.

On passe une couche de savon à cette pédale, toutes les fois qu'elle n'obéit pas avec vitesse aux mouvemens du pied.

DE LA PÉDALE CÉLESTE.

La tringle en bois de cette pédale, soit par sa disposition, soit par la nature même de son jeu, ne casse presque jamais. Si elle ne répond pas, cela ne peut dériver que de la garniture ou des vis. Je parlerai de ces deux objets en temps et lieu.

DEUXIÈME PARTIE.

MANIÈRE DE RACOMMODER LES PIÈCES EN MÉTAL D'UN PIANO.

Les pièces en métal d'un piano sont :
1° Les cordes;
2° Les chevilles;
3° Les pointes;
4° Les tiges des pilotes;
5° Les fils de laiton;
6° Et enfin toutes les vis, barres en fer, etc.

DES CORDES.

Lorsque dans un piano il y a un grand nombre de cordes à monter, on se sert d'une mécanique qu'on nomme mécanique à bouclettes (*fig.* 27).

Cette mécanique consiste tout simplement en un crochet suspendu. On introduit dans ce crochet un anneau formé par la corde elle-même, on retourne à cinq ou six reprises différentes le manche de la mécanique, et la bouclette est faite dans une seconde ; et pour que toutes les bouclettes aient la même torsade, on aura soin de cesser de tourner la manivelle aussitôt qu'on se sera aperçu que la corde commence à jouer entre les deux doigts (le pouce et l'index) de la main gauche.

Il est des accordeurs qui, au lieu de tenir la corde avec les doigts que je viens d'indiquer, préfèrent, pour cela, se servir d'une pince. Je ne conseille à personne de les imiter, non pas seulement parce que ce moyen empêche de connaître lorsque la bouclette est parvenue à son degré de torsion, mais aussi parce que la pression extrêmement dure de la pince peut nuire à la corde et même la casser.

DES CHEVILLES.

Trois accidens peuvent survenir aux chevilles, c'est-à-dire, ou elles ne tiennent plus, ou elles sautent, ou enfin elles cassent. Dans le premier cas, il faut les échanger contre d'autres chevilles tant soit peu plus fortes; dans le second cas, il faut les passer à trois ou quatre reprises dans la colophane en poudre; et finalement, là où elles seraient cassées, on devra les remplacer par d'autres chevilles du même diamètre [1].

DES POINTES.

Une pointe, n'importe laquelle, qui viendrait à fléchir, doit absolument être remplacée par une autre; car la redresser serait peine inutile, elle fléchirait de nouveau à la première secousse du marteau.

DES TIGES DE PILOTIS.

La tige d'un pilotis doit être lisse, droite, et tenir bien d'aplomb sur le bâton de la touche. Si donc le pilotis n'allait pas, on cherchera laquelle de

(1) Lorsqu'on songe aux progrès que le mécanisme du piano a faits depuis un demi-siècle, et au nombre considérable qu'il s'en trouve en France (100,000), il y a lieu de s'étonner qu'on n'ait pas encore donné aux chevilles un numéro ou un chiffre pour en désigner le diamètre; et en effet, toutes les fois que, dans certains départemens, on se trouve avoir besoin d'une ou de plusieurs chevilles, on est obligé d'envoyer le modèle à Paris, sans quoi il y aurait impossibilité de leur en expédier de pareilles.

ces qualités est en défaut, et l'on y remédiera avec le simple bec d'une pince. Cela est tellement facile que je crois inutile d'entrer à ce sujet dans d'autres détails.

DES FILS DE LAITON.

Les fils de laiton jouent un très grand rôle dans le mécanisme du piano, car on les rencontre presque partout ; les ressorts des lames, ceux de l'échappement et en général toutes les goupilles sont en fils de laiton. On doit donc toujours en avoir un certain nombre. Les cordes de Nuremberg, qui portent les chiffres 3 et 4, sont celles qu'on emploie le plus.

Pour faire les ressorts dont je viens de parler, on se sert de l'instrument représenté par la *fig*. 36 ; mais si l'on n'avait pas ce mécanisme, on pourrait avoir recours à une épingle, et faire le ressort en y entortillant le fil de laiton. (Voyez *fig*. 26.)

Quant aux goupilles, je crois pouvoir l'affirmer avec assurance, elles ne cassent jamais.

TROISIÈME PARTIE.

MANIÈRE DE RACCOMMODER LES PIÈCES D'UN PIANO, COUVERTES DE PEAU, DE FLANELLE OU DE DRAP.

Voici le nombre de ces pièces :
1° Les têtes des lames;
2° Les molletons de pilotis;
3° Les marteaux;
4° Le pousse-pilotis;
5° L'attrape-marteau ;
6° Et en général toutes les garnitures intérieures du piano.

Le but de toutes ces garnitures est d'empêcher que les pièces qui sont mises en branle par le mouvement de la touche ne fassent d'autre bruit que celui que doit produire la percussion du marteau ; si donc on s'apercevait qu'aux vibrations des cordes vînt se mêler un son hétérogène, ce serait un signe qu'une des parties sus-mentionnées se serait dérangée. Voici comment on les raccommode toutes.

La tête des lames, en y collant avec de la colle forte un morceau de flanelle pareil à celui qui y existait auparavant.

Le molleton des pilotis et la tête des marteaux[1], en y collant avec de la gomme un morceau de peau de daim de la même nuance que les autres.

Le pousse-pilotis, avec de la peau de

(1) C'est une chose délicate que le collage d'une garniture de marteaux; surtout lorsqu'il s'agit des marteaux d'un piano carré, où tout est, pour ainsi dire, en biais. On commencera donc par coller, avec la plus grande propreté une partie de la peau sur l'un des côtés de la tête du marteau (*fig.* 25 *bis*), et un quart-d'heure après on collera le reste sur l'autre côté. Une fois que la colle aura bien séché, on remettra le marteau à sa place, et l'on frappera vivement la touche. Si l'on n'obtient pas un son pur et bien distinct, on rapprochera, par le moyen d'un petit crochet (*fig.* 20 *bis*), le marteau des cordes et l'on s'assurera dans quelle direction il pèche. On tâchera alors de le redresser avec les doigts; mais là où l'emploi d'un canif sera indispensable, on n'opérera que sur les côtés de la tête du marteau, et jamais sur la partie de la peau qui doit frapper les cordes; cela rendrait le marteau dur et le son âpre.

mouton du diamètre à peu près d'un pouce.

L'attrape-marteau, avec un morceau carré long de buffle.

Et enfin toutes les autres garnitures; y compris la pédale céleste, avec la même peau ou le même drap qui se trouve attaché aux pièces du piano.

EXERCICES.

Maintenant que j'ai donné toutes les règles nécessaires pour accorder un piano, et pour en réparer les principaux dégâts, je crois faire chose utile à l'élève que de lui indiquer une suite d'exercices qui, selon moi, peuvent lui être de la plus grande utilité.

Je commencerai donc par lui conseiller de choisir un mauvais piano pour les exercices matériels, et de se servir d'un bon pour les exercices qui concernent l'acoustique.

Sur le premier il s'habituera à faire avec promptitude et précision le démontage de celles des parties qu'il aura supposées affaiblies ou fracturées; il redressera les premières, et remplacera les secondes par d'autres pièces qu'il aura lui-même confectionnées. Les lames de l'étouffoir, les marteaux, et en général tous les ressorts en fils de laiton doivent captiver son attention de préférence.

Sur le second piano il passera graduellement de l'accord de l'unisson à celui de l'octave, et de l'accord de l'octave à celui de la quinte. Il ne doit pourtant pas perdre de vue qu'une corde contenant à elle seule tous les intervalles de la gamme, et principalement ceux de l'accord parfait, c'est à force de mettre des unissons que son oreille peut s'accoutumer à la perfectibilité des sons.

Si, en étudiant, il cassait des cordes, il les remplacerait tout de suite afin que les marteaux ne prissent pas de fausses directions.

Il est également utile qu'un accordeur apprenne comme complément de ses connaissances musicales un ou deux petits morceaux ; cela le mettra à même de pouvoir se rendre un certain compte de ce qu'il a fait. Je lui conseillerais de choisir de préférence des morceaux à modulation, et dans le cas où cela lui présenterait, pour le moment, quelque difficulté, il pourrait commencer par jouer les huit mesures suivantes.

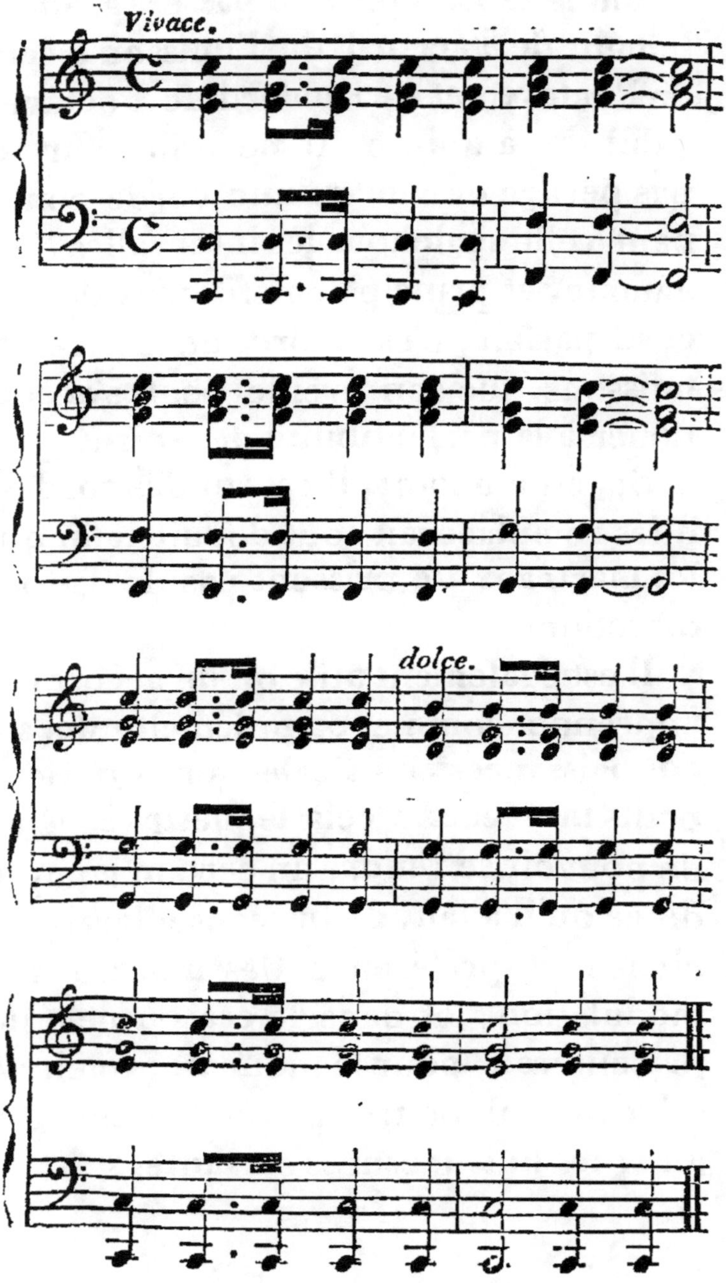
Vivace.
dolce.

Un peu plus tard, et étant plus au fait du maniement des touches, il apprendra ce prélude qui est à la fois facile et brillant.[1]

(1) J'ai emprunté ce joli morceau à un recueil de prélude du célèbre pianiste M. Kalbrenner. Ce livre est une perle qu'on devrait trouver sur tous les pianos. Il se *vend* chez Pleyel, boulevard Montmartre.

Nota. Je crois avoir expliqué dans cette méthode tout ce qu'il est nécessaire de savoir pour accorder le piano ; cependant si l'application des principes que j'ai posés présentait encore des doutes pour quelques personnes, une ou tout au plus deux leçons seraient plus que suffisantes pour lever toutes les difficultés.

GIORGIO DI ROMA,

PROFESSEUR,

420, rue St-Honoré.

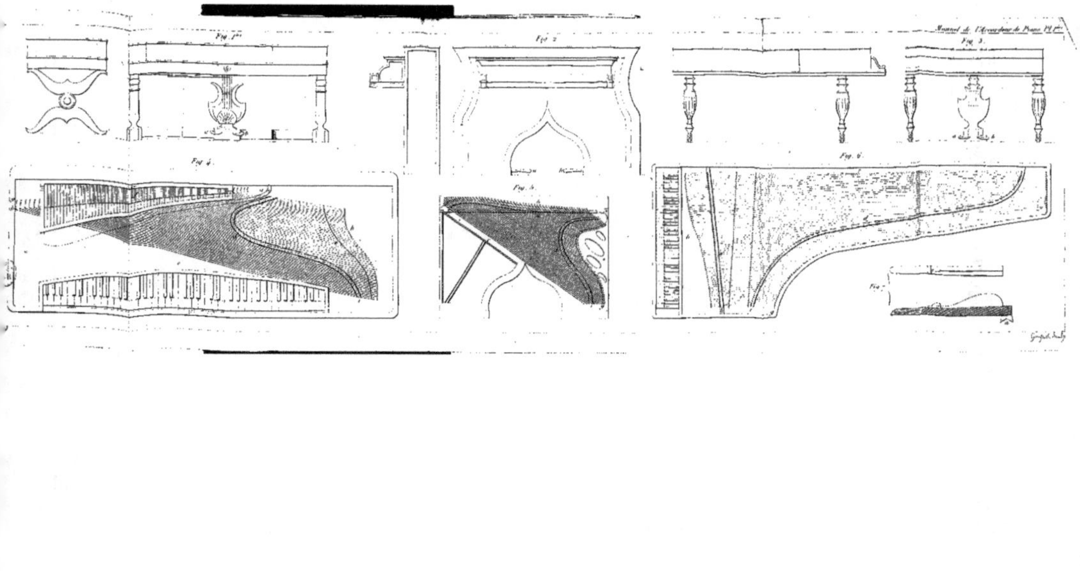

Fig. 1ère   Fig. 2   Fig. 3

Fig. 4   Fig. 5   Fig. 6

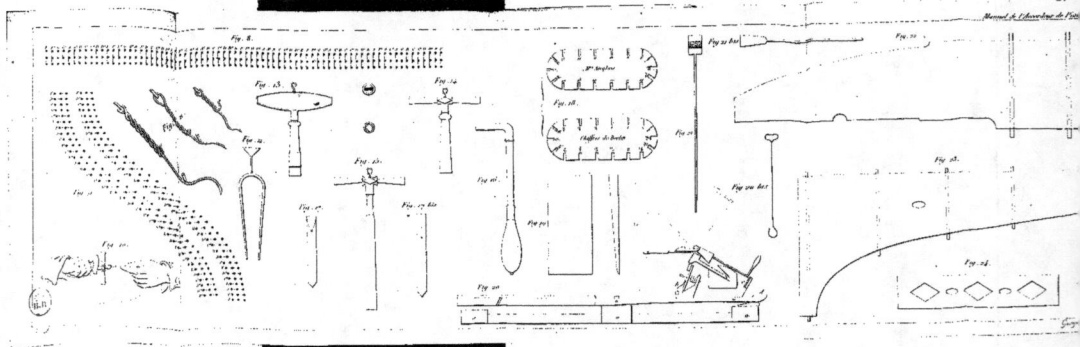

Fig. 8.

3

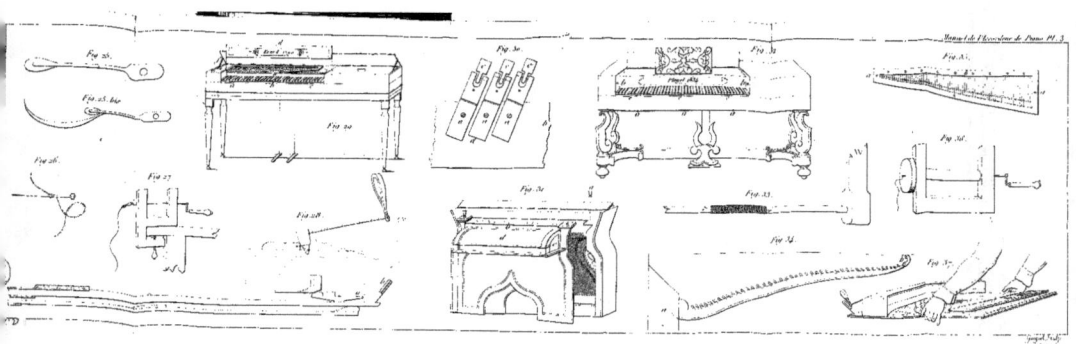

B.

www.ingramcontent.com/pod-product-compliance
Lightning Source LLC
LaVergne TN
LVHW050608090426
835512LV00008B/1390